Bunte Fibel

Leselehrgang
auf der Grundlage
des analytisch-synthetischen Schlüsselwortverfahrens
Druckschriftausgabe

Schroedel Schulbuchverlag

Bunte Fibel

Leselehrgang auf der Grundlage des
analytisch-synthetischen Schlüsselwortverfahrens

Druckschriftausgabe

Herausgegeben und erarbeitet von
Jens Hinnrichs und Helene Will-Beuermann

Mitarbeit: Hans-Joachim Reincke
Wissenschaftliche Beratung: Renate Valtin

Illustration und graphische Gestaltung: Ursula Kirchberg
Fotos: Hartmut Rekort, Gernot Rekort (S. 74)

Quellenverzeichnis:
S. 67: Otfried Preußler. Die Katze schläft, die Katze schläft. Aus: Geh und spiel mit dem Riesen. Erstes Jahrbuch der Kinderliteratur, hrsg. von H.-J. Gelberg. Verlag Julius Beltz. Weinheim/Berlin/Basel 1971. – S. 72/73: Volksgut. Rätsel. – S. 76: Unbekannter Verfasser. Eine lange Geschichte. Aus: Das Männchen im Männchen, ausgew. von Hildegard Krahé. Ellermann-Verlag. München 1974. – S. 78/79: Jacob und Wilhelm Grimm. Der süße Brei. Aus: Kinder- und Hausmärchen, gesammelt durch die Brüder Grimm. Winkler Verlag, München 1949.

Arbeitsheft Bestell-Nr. 40 086. Arbeits- und Spielkarten Bestell-Nr. 40 087.
Lehrerhandbuch Bestell-Nr. 40 090. Schreiblehrgang in Lateinischer Ausgangsschrift Bestell-Nr. 40 088.
Lernkontrollen Bestell-Nr. 40 089.

Schreibvorkurs in Druckschrift Bestell-Nr. 40 109 Schreiblehrgang in Vereinfachter Ausgangsschrift Bestell-Nr. 40 096

ISBN 3-507-**40 085**-5

Druck A 8 7 6 5 4 / Jahr 1991 90 89 88 87
Alle Drucke der Serie A sind im Unterricht parallel verwendbar. Die letzte Zahl bezeichnet das Jahr dieses Druckes.
Druck: Karl Neef GmbH, Wittingen.

 Fu

 F

 u

 tut

 t t

r u f t

r f

Uta ruft :
„ Fu . . . . . !"

Fu ruft :
„ Uta . . . . . !"

U t a

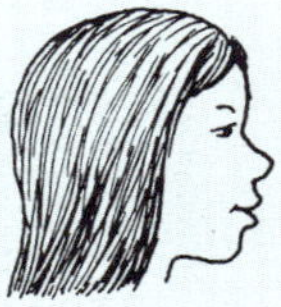

U a

Fu ruft :

„ Uta . . . . . !"

Fu ruft :

„ Uta , Uta !"

Uta ruft :

„ Fu . . . . . !"

F u r u f t F f

U t a r u f t U u  

„ Ara ,
Ara ! "

Ara ruft :
„ U ta ,
U ta ta ! "

A r a

A a

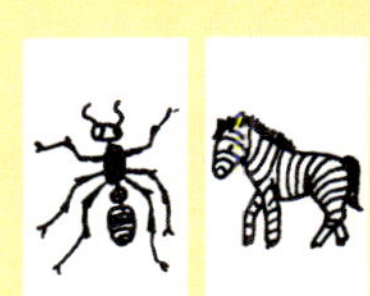

Uta ruft : „ Mama ! ”
Mama ruft : „ Uta . . . . . ! ”

Mama

Mm

Oma ruft: „Uta, rot!"
Uta ruft: „Oma . . . . . !"

Oma rot Oo 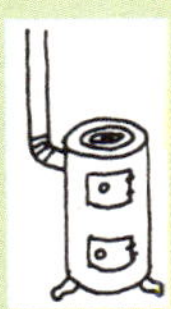 

Uta ruft :

„Tor , Tor !"

Mama ruft :

„Uta . . . . . !"

T o r   r u f t   T t 

Olaf ruft :
„ Lotto ! "

Uta ruft :
„ Foto ! "

L o t t o   O l a f   L l

Ralf ruft :

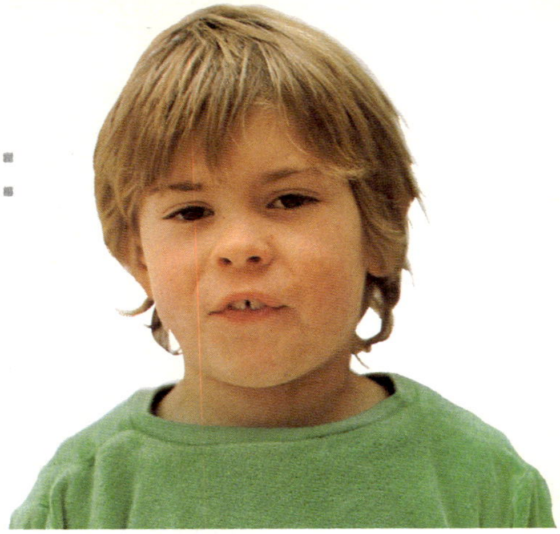 

Uta ruft :

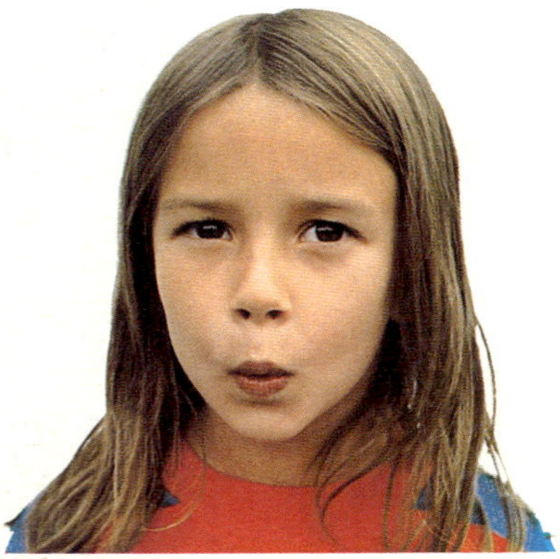 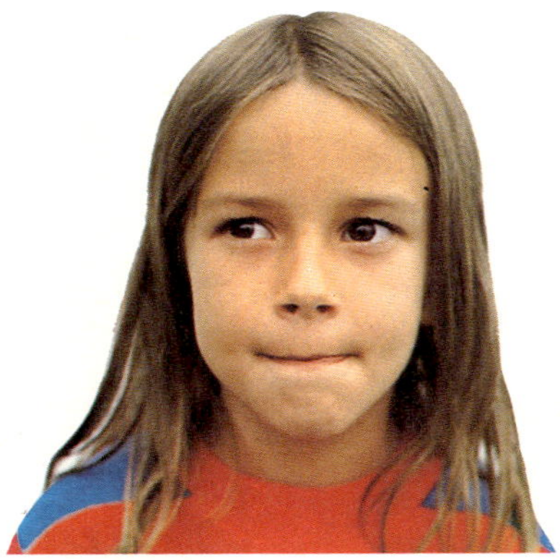 

Fu ruft :

Ralf ruft Rr  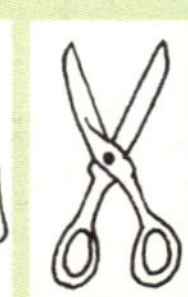

Mama malt
Fu ,
Uta . . . . .

Mama holt
Olaf .

Olaf ruft :
„ Tor ,
Ara ,
Hut ! "

Mama ruft :
„ Olaf , toll ! "

Hut holt Hh

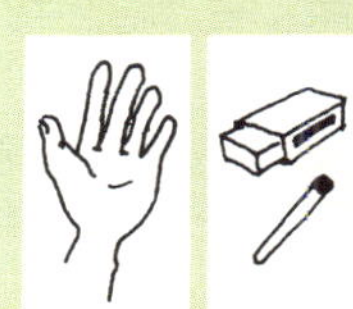

Mama ruft :

„ Nanu ,

. . . . . ! "

Uta ruft :

„ Notruf !

Mama ,

ruf an ! "

Notruf an Nn

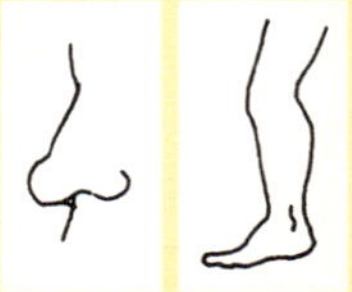

„Uta,
hol ein Ei!"

„Olaf, nein,
ruf Mama!"

„Uta .....!"

Ei nein Eiei 🍦 3

Mama holt Uta .

Uta ruft :
„ Mama ,
ein Auto ,
toll ! ”

Olaf ruft :
„ Ralf , lauf !
Uta , lauf ! ”

Uta ruft :
„ Nanu . . . . . ! ”

Au t o   l au f   Au au  

Ina hat ein Auto .

Mama ruft :
„ Ina ,
nimm Ralf mit ! ”

Ina ruft :
„ Nein . . . . . ! ”

Ralf ruft :
„ Mama ,
hol mir
ein Auto ! ”

Mama holt
ein Auto .

Ralf ruft : „ . . . . . ! ”

I n a m i r m i t l i

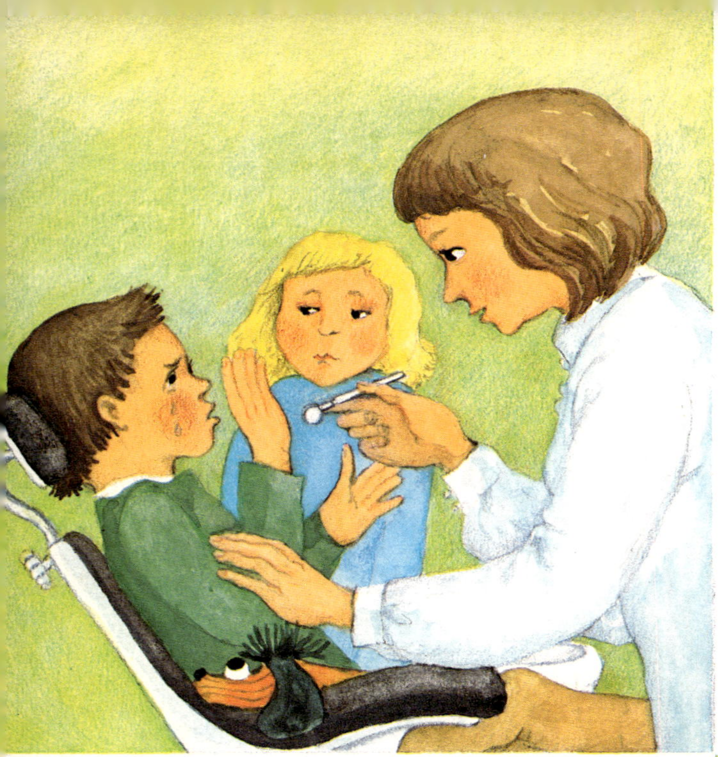

Wim weint .
Wim ruft :
„ Nein , nein ! ”

Warum
weint Wim ?

Ina ruft :
„ Fu , Maul auf ! ”

Weint Fu ?
Fu ruft :
„ Nein , warum ? ”

Wim warum Ww  

Ina wacht auf .
Ina ruft :
„ Mama ,
ich . . . . . ! ”

Mama lacht .

l a ch t   i ch   Ch ch

Olaf ruft :
„ Hallo , Susi ! ”

Susi sucht Olaf .
Susi ruft :
„ Wotan , lauf ,
such Olaf ! ”

Wotan sucht Olaf .
Wo ist Olaf ?

S u s i   i s t   S s

Klaus sucht Oma .
Oma kauft sich ein Los .

Klaus ruft :
„ Hallo , Oma ,
hol mir auch ein Los ! ”

Oma kauft Klaus ein Los .

K l au s   k au f t   K k  

Wir lesen .
Nanu !
Wir lesen noch einmal .
Wir lachen .
Fu lacht auch .

E s e l   l e s e n   E e

Ich kann nicht schlafen .
Mir ist kalt .

Ich rufe :
„ Mutter , Mutter ,
komm schnell ! ”

Mutter kommt nicht .

Ich rufe noch einmal :
„ Mutter ,
hol mir
einen Schal ! ”

Schal schnell Schsch 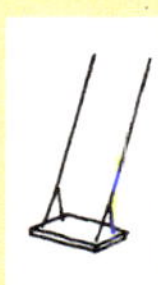 

Schnee

Es schneit !
Es schneit !

Wir lachen .
Wir rufen .
Wir schreien .

Nur Klaus weint .

Susi ruft :
„Weicher Schnee
tut nicht weh !”

Sch n ee   ee   w eh   eh

Unser Schneemann

Uta ruft :
„ Wer holt
einen Hut ? "

Klaus ruft :
„ Ich hole
einen Hut
von Vater ! "

Susi holt
einen roten Schal .

Als Vater kommt ,
lacht er .

V a t e r   v o n   V v

D u r s t d e r u n d D d  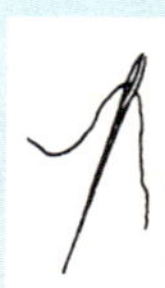

Eu l e   eu ch   Eu eu

Wo ist mein Geld ?

Uta kauft ein .
Olaf geht mit .
Uta kauft Saft und Eis .
Olaf kauft Salat und Wurst .

Olaf sucht sein Geld .
Er ruft :
„ Mein Geld ist weg !
Wo ist mein Geld ? "

G e l d geh t we g G g 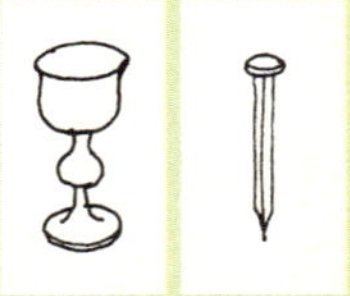

1
Malt Ralf
ein Auto
?

2
Ist der Juli
ein Esel
?

3
Geht
der Salat
?

4
Wacht
das Tor auf
?

5
Sucht Wotan
eine Wurst
?

ja
nein

6
Weint
ein Schal
?

7
Schreit
ein Hut
?

8
Ist Oma
eine Mutter
?

9
Hat ein Ei
Durst
?

10
Kauft Oma
Schnee
?

11
Macht Vater
ein Foto
?

12
Lacht
ein Eis
?

J u l i   j a   J j

Wer kann das lesen ?

Uta hat ⚁ und ⚀ .
Wir lesen .
Bodo ruft :
„ Das Wort gibt es ."

Vater hat ⚄ und ⚃ .
Gibt es das Wort ?

B o d o b a u e n a b B b 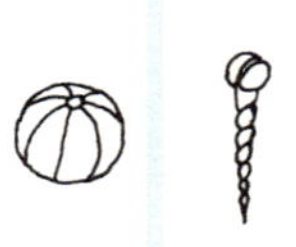

Holt mich !

„ Ich bin allein .
Kommt !
Holt mich !

Ich rede nicht wie ihr .
Aber ich laufe
und lache wie ihr . "

„ Kommt ,
wir holen sie ! "

„ Sie soll nicht
allein sein ! "

„ Ja ,
wir holen sie ! "

ih r   ih   s ie   ie  7

Ich will nicht

Günter sagt nur :
„ Ich will nicht ! ”

„ Ich will nicht malen . ”
„ Ich will nicht laufen . ”
„ Ich will nicht essen . ”

Was ist nur
mit Günter los ?
Ist er müde ?
Hat er Fieber ?

m ü d e G ü n t e r Ü ü

Zirkus

Musik !
Die Affen kommen .
Sie laufen
zu Ina und Günter ,
zu Susi und Klaus ,
zu Vater und Mutter .

Ein Affe
kommt zu Mutter .
Er holt sich
Mutters Hut .

Z i r k u s   z u   Z z

Wer meldet sich ?

Hallo !
Ruf doch mal an !

Ruf mal 4 6 8 an !

Wer weiß ,
wer sich meldet ?

2 4 5 7

1 3 8

0 8 3 9 2

6 1 3 3 9 2

w ei ß

ß

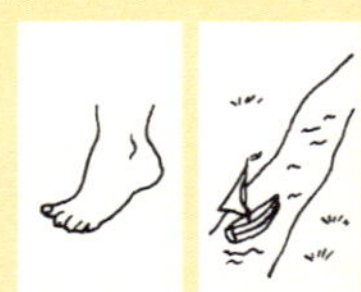

Wer war das?

Utas Puppe ist kaputt.
Ein Bein ist abgerissen.

Uta ruft:
„Wer war das?
Wer hat das getan?"

Alle sagen:
„Ich war das nicht!"

„Ich auch nicht!"

„Ich habe das
nicht getan!"

Die Kinder gehen
nach Hause.

P u pp e k a p u tt P p

Wir reimen

Klaus ruft :
„ Wer spielt mit ?
Wer kann reimen ? ”

Er holt sich
einen Hut .
Susi sagt :
„ Mut , tut , gut ! ”

Susi holt sich
eine Maus .
Günter sagt :
„ Haus , ... ”

Günter holt sich
einen Spiegel .
Das ist schwer !
Alle denken nach .

sp | ie | l | t

Sp | sp

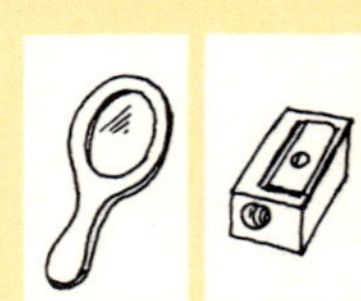

Wir raten

Ina ruft :
„ Ich habe euch
etwas mitgebracht !
Ratet ,
was es ist ! ”

„ Es ist rund ,
es ist rot .
Es fliegt hoch ,
es hüpft
und rollt .
Ich laufe hinterher . ”

h ü pf t

Pf pf

Der kleine Bruder

Klaus steht unten.
Er kann nicht mitspielen.
Er hat seinen kleinen Bruder
an der Hand.

Uta fragt:
„Warum hast du
deinen Bruder mit?"

Klaus sagt:
„Meine Mutter ist nicht da."

Ulla ruft:
„Dein Bruder
kann allein spielen!"

Klaus sagt:
„Nein, dann weint er."

st eh t

St st

☆ 

Freunde

Klaus holt Susi ab .
„ Hallo , Susi ! ”
„ Hallo , Klaus ! ”
Susi spielt mit Klaus .
Klaus und Susi
sind immer zusammen .

Susi mag Klaus leiden .
Klaus mag Susi leiden .
Sie sind Freunde .
Sie lachen
und reden miteinander .

Susis Eltern ziehen um .
Susi kommt nicht zurück .
Klaus . . . . . .

z u r ü ck

ck

Stummel

Klaus hält Stummel
in der Hand .
Er sagt zu Stummel :
„ Komm ,
wir gehen zu Ulla ."

Klaus trägt Stummel
in der Tasche .
„ Hallo , Ulla ! "
ruft Klaus .
„ Rat mal ,
wer in meiner Tasche ist ! "

Aber wo ist Stummel ?
Er ist fort .

Klaus geht zurück
und sucht Stummel .

t r ä g t   h ä l t   Ä ä

Ulla redet nicht mit Peter .

Peter redet nicht mit Ulla .
Sie sehen sich nicht an .
Was ist nur los ?
Keiner lacht .
Keiner redet ein Wort .

Ulla ist böse auf Peter .

Peter ist böse auf Ulla .
Sie besuchen sich nicht .
Sie rufen sich nicht an .
Sie holen sich nicht ab .

Ulla geht allein .

Peter geht allein .
Ulla ist traurig .
Sie möchten sich vertragen .
Aber wie ?

b ö s e m ö ch t e n Ö ö  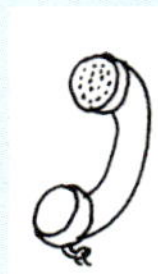

Wer bin ich ?

Ich rede nicht. Ich rufe nicht.
Ich lache nicht. Ich weine nicht.
Ich gehe nicht. Ich laufe nicht.
Ich sitze nicht. Ich fliege nicht.

Ich schwimme still und stumm
im weiten Meer herum.

s i tz e n

tz

Zöpfe

Mutter sagt :
„ Uta , dein Haar ist zu lang .
Komm , wir fahren zum Frisör ! "

„ Nein ", ruft Uta ,
„ ich will lange Haare behalten ! "

„ Aber du kannst ja
gar nichts mehr sehen ",
sagt Mutter .

„ Ich kann doch was sehen ! "
antwortet Uta .

„ Ich weiß was ! " ruft Olaf .
„ Mach dir doch Zöpfe ! "

„ Ja , das versuch' ich mal ",
sagt Uta
und setzt sich vor den Spiegel .

Olaf guckt zu
und sagt : „ . . . . . "

H a a r   aa   f ah r e n   ah

Im Zoo

Olaf ist mit seiner Klasse im Zoo .
Die Kinder rufen durcheinander :
„ Wo sind die Affen ? "
„ Ich will zu den Elefanten ! "
„ Gehen wir ins Vogelhaus ? "
„ Gibt es hier Giraffen ? "
„ Wann werden die Löwen gefüttert ? "

Die Lehrerin gibt Olaf einen Plan .
Sie sagt : „ Olaf zeigt uns den Weg ,
denn ohne einen Plan
finden wir bestimmt nicht alle Tiere ."

Z oo oo oh n e Oh oh

Bei den Robben

Um 10 Uhr werden die Robben gefüttert .
Dort stehen schon viele Leute
und warten .

Endlich kommt der Wärter .
Er trägt einen Eimer
mit kleinen Fischen .
Der Wärter wirft die Fische in die Luft ,
und die Robben schnappen danach .

Plötzlich richtet sich der Robbenvater auf
und gibt dem Wärter einen Kuß .

Uh r   Uh uh

Mach mit !

Susi läuft
wie ein Hund .

Sie geht
wie ein Storch .

Sie läuft
wie ein Elefant .

Markus macht
eine Rolle .

Er schlägt
ein Rad .

Er macht
eine Brücke .

Tanja steht
auf einem Bein .

Sie macht
eine Kerze .

Sie steht
auf dem Kopf .

l äu f t

Äu äu

Baden macht Spaß !

Klaus springt ins Wasser .

Er taucht .

Er krault .

Ulrike springt ins Wasser .

Sie spritzt .

Sie sitzt auf dem Schwan .

Jürgen springt ins Wasser .

Er schwimmt auf dem Rücken .

Er liegt auf dem Ring .

sp r i ng t

ng

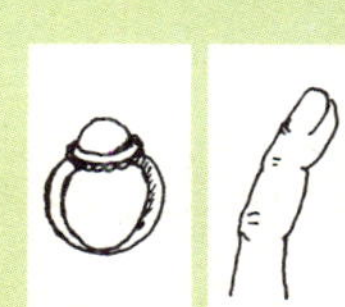

NOFELET

„ Kasper , bist du am Telefon ? ”
„ Ja , ich bin am Teleton .
Tra tri tra la la ! ”
„ Nein , am Telefon ! ”
„ Am Felefon ? ”
„ Nein , Kasper , am Telefon ! ”
„ Ja , ich bin am Feleton ! ”
„ Quatsch , Kasper , am Telefon ! ”
„ Ach so , ich bin am Teleton ! ”
„ Ach , Kasper , hör zu , am Telefon ! ”
„ Das hab ich ja immer gesagt !
Ich bin am Telefon
und rede mit dir .
Tra tri tra la la ! ”

Qu a t sch

Qu qu

Unter einem Dach

Eine Frau gibt
den Blumen Wasser .
Es tropft auf die Straße .

Im Treppenhaus
bellt ein Hund .
Eine Frau kommt .

Ein Mann telefoniert .
Das Essen brennt an .

Kinder spielen Schule .
Ein Kind ist Lehrer .

Ein Mann und eine Frau
sehen fern .
Besuch kommt .

Vor dem Haus
steht ein Taxi .
Der Arzt
sucht seine Tasche .

T a x i

X x

Regen! Regen!

Es regnet den ganzen Tag.
„Das halte ich nicht aus!" ruft Gaby.
„Ich fahre mit meinem Rad!"

„Bei diesem Wetter?" fragt Mutter.
„Ich ziehe meinen Regenmantel an!" ruft Gaby.

Gaby saust los.
Oje! Eine riesengroße Pfütze!

1. Gaby bremst .....
2. Gaby ....

Regentropfen

Regentropfen tropfen ,
tropf ,
tropf ,
tropf ,
Regentropfen klopfen ,
klopf ,
klopf ,
klopf .

Regentropfen
tropf ,
tropf ,
tropfen ,

Regentropfen
klopf ,
klopf ,
klopfen

auf
meinen
Kopf .

Michael kauft sich
einen Luftballon .

Schnell läuft er nach Hause .
Denn er hat einen Plan .

Er schreibt einen Brief :

Er bindet den Brief
an den Luftballon .

Dann öffnet er das Fenster
und läßt den Ballon fliegen .

Er denkt :
„ Flieg , Luftballon , flieg ! ”

Der Ballon
steigt und steigt.

Über Wiesen und Wälder
fliegt er weit fort.

Schließlich bleibt er
in einem Baum hängen.

Monika entdeckt den Ballon
und holt ihn herunter.

Sie liest den Brief und denkt:
„Ich werde Michael schreiben."

Sofort läuft sie ins Haus
und schreibt:

Picknick

Wir holen unsere Räder
und fahren in den Wald.
Dort machen wir Picknick.

Mutter breitet die Decke aus.
Vater holt den Kuchen.

Mein Bruder schreit:
„Hier sind Ameisen!"

Wir flüchten.
Jeder trägt etwas.

Wir setzen uns
auf einen Baumstamm.
Hier sind keine Ameisen.

Aber . . . .

Start

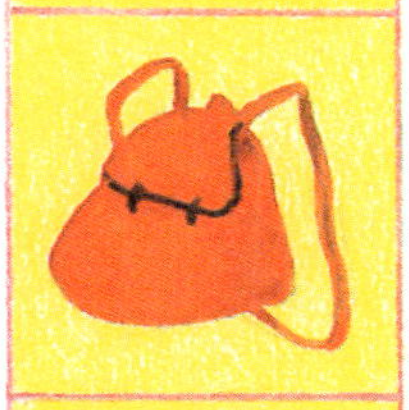

Gehe vor bis zu den Kindern.

Laufe zurück und hole den Rucksack.

Springe über den Bach zum Schaf.

Warte auf  .

Gehe zurück zum Schaf.

Steige über das Tor.

Laufe vor bis zu den Blumen.

Gehe zurück zum Tor.

Gehe über die Brücke.

Laufe zurück und hole die Badehose.

Gehe zurück und setze dich auf die Bank.

Springe ins Boot.

Laufe zurück zum Wegweiser.

Ziel

Tauchen

Vater badet uns .
Das macht Spaß .
Wir planschen und spritzen .

Vater seift uns die Haare ein .
Er ruft : „ Untertauchen ! ”

Wir halten uns die Nase zu und tauchen .
Lange halten wir es nicht aus .
Dann kommen wir wieder hoch
und schnappen nach Luft .

Mutter ruft : „ . . . . ! ”

Mein Freund

Uli kann nicht gehen .
Darum sitzt er im Rollstuhl .
Ich bin sein Freund .
Wir tauschen oft Briefmarken .

Ich ordne meine Briefmarken nach Bildern .
Uli ordnet sie nach Ländern .

Uli weiß genau ,
wo die Länder liegen ,
aus denen seine Marken sind .

1 Fasse deine Nase an.
2 Lege deinen Kopf
auf den Tisch.
3 Halte dir die Ohren zu.
4 Melde dich.
5 Umarme deinen Nachbarn.
6 Strecke beide Arme
in die Luft.
7 Gib deinem Nachbarn
die Hand.
8 Ziehe an deinen Haaren.
9 Halte dir die Augen zu.
10 Klopfe auf den Tisch.
11 Winke.
12 Halte dir den Mund zu.

Fang irgendwo an !
Lies linksherum oder rechtsherum !

Ein Marienkäfer

An der Fensterscheibe
sitzt ein kleiner Marienkäfer.
Woher kommt er?

Ich halte dem Käfer
meine Hand hin.
Er tastet
mit seinen Vorderbeinen
meine Hand ab.
Er kehrt um.

Vorsichtig
halte ich ein Blatt
an die Scheibe.
Es glückt!
Der Käfer krabbelt
auf das Blatt.

Vom Blatt krabbelt er
auf meine Hand
und dann auf meinen Arm.
Es kitzelt etwas.

Flecki

„ Flecki ! Flecki ! " ruft Sabine .
Das Kälbchen kommt .
Es weiß , daß Sabine Milch im Eimer hat .
Flecki hat keine Angst vor Sabine .

Am Eimer ist ein Sauger .
Das Kälbchen nimmt den Sauger ins Maul .
Es saugt und saugt .

„ Sei doch nicht so wild ! " ruft Sabine .
„ Du ziehst mir den Eimer aus der Hand ! "

In der Nacht

Ich wachte auf .
Es war dunkel im Zimmer .

Da knackte etwas .
Ich lauschte .
Waren das Schritte ?
„Mutter ! Mutter !
Hier ist einer ! ”

„Da ist keiner ! ”
rief meine Mutter .
„Mach dir Licht an ! ”

Ich machte Licht
und sah überall nach .
Ich sah unter den Tisch ,
unter mein Bett ,
hinter die Vorhänge ,
in den Schrank .
Wirklich ,
da war keiner !

Ich war beruhigt
und kroch ins Bett .
Bald schlief ich wieder ein .

Da stimmt etwas nicht

Mutter ist zur Arbeit gegangen .
Sie hat einen Einkaufszettel
auf den Küchentisch gelegt :

6 Eier
4 Bananen
1 Brot
1 Liter Milch
2 Zitronen

Jan kauft heute ein .

Als Mutter nach Hause kommt ,
sieht sie die Sachen auf dem Küchentisch .
Sie wundert sich .

Die Maus und der Elefant

Eine Maus traf einen Elefanten .
Sie fragte ihn :
„ Hast du nicht Angst vor der Katze ? "
„ Warum ? " fragte der Elefant .
„ Weil du in kein Mauseloch hineinpaßt " ,
sagte die Maus .

Die Katze schläft, die Katze schläft

Die Katze schläft,
die Katze schläft,
die Mäuse gehn zum Tanze!
Sie tanzen dies,
sie tanzen das,
sie tanzen
ohne Unterlaß
und wackeln mit dem Schwanze.

Der Vater Maus,
die Mutter Maus
mit ihren Mäusekindern:
Sie drehen sich
im Mäusetanz,
sie wackeln
mit dem Mäuseschwanz –
und niemand kann es hindern!

Otfried Preußler

Auf der Autobahn

Wir fahren
auf der
Autobahn .
Wir fahren ,
blinken ,
überholen .

Wir fahren
rechte Spur ,
linke Spur ,
rechte Spur .
Wir fahren ,
blinken ,
überholen .

Autos fahren
vor uns ,
neben uns ,
hinter uns :
rote ,
gelbe ,
grüne ,
schwarze .
Sie fahren ,
blinken ,
überholen .

Wir fahren ,
fahren ,
fahren .
Halt !
Ein Stau !
Bremsen !
Halten !

Vor uns ,
neben uns ,
hinter uns
halten Autos .
Autos !
Autos !
Rote ,
gelbe ,
grüne ,
schwarze .

Wir stellen
das Radio an .
Musik !
Keine Meldung !
Wir warten ,
warten .

Ein Platz ist leer

Die Stunde beginnt .
Aber Andreas ist noch nicht da .

Die Lehrerin wundert sich .
Andreas hat noch nie gefehlt .
Er kommt auch nie zu spät .
Warum ist sein Platz leer ?

Tobias weiß Bescheid :
„ Andreas hat sich das Bein gebrochen .
Er liegt im Krankenhaus ."

„ Der arme Andreas ", sagt Anke .
Sabine meint :
„ Jetzt langweilt er sich .
Was können wir für ihn tun ? "
Alle überlegen .

Was wird daraus ?

Opa und Evi schälen Kartoffeln .
Aber keine Kartoffel ist zu gebrauchen .
Es gibt nur Abfall .

Opa sagt :
„ Diese alten Kartoffeln taugen nichts .
Sie sind weich und haben Keime .
Wir essen heute Nudeln . "

Evi fragt :
„ Wozu haben die Kartoffeln Keime ?
Sind das Wurzeln ? "

Opa antwortet :
„ Das sind Triebe für neue Pflanzen .
Komm , wir pflanzen eine Kartoffel ein . "

Rätsel

Erst weiß wie Schnee ,
dann grün wie Klee ,
dann rot wie Blut ,
schmeckt allen Kindern gut .

Weiß wie Kreide ,
leicht wie Flaum ,
weich wie Seide ,
feucht wie Schaum .

Wohin du gehst ,
begleit' ich dich ,
beim Sonnenschein
nur zeig' ich mich .

Zum Himmel geworfen,
fällt's auf die Erde;
zur Erde geworfen,
springt's in die Luft.

Ohne Arme schlage ich,
ohne Finger zeige ich,
ohne Füße stehe ich,
ohne Beine gehe ich.

Ich habe vier Füße
und kann nicht gehn,
ich werde nie müde
und muß immer stehn.

Volksgut

Die Raupe und die Fliege

Die Raupe fragte eine Fliege :
„ Wie kann ich fliegen ? ”

Die Fliege lachte :
„ Du kannst nie, nie fliegen !
Du bist zu dick .
Du hast keine Flügel . ”

Die Raupe war traurig .
Sie kroch langsam weiter .

Sie träumte ,
wie ein Schmetterling
im Sonnenschein zu fliegen .

Alte Giftnudel!

„Mein Rad ist kaputt."

„Mach es doch heil.
Ich helfe dir."

„Dazu habe ich jetzt keine Lust.
Gib mir deins!"

„Nein, ich gebe dir das Rad nicht.
Ich habe es gerade erst geflickt."

„Stell dich doch nicht so an!
Ich mache es ja nicht gleich kaputt."

„Das sagst du immer.
Und was war am Montag?
Da bist du mit meinem Rad gefahren
und hast es kaputtgemacht.
Du hast das Rad
einfach in den Keller gestellt.
Das Hinterrad war platt."

„Das war Pech!
Das kann jedem passieren."

„Ich gebe dir mein Rad nie wieder."

„Alte Giftnudel!
Ich gehe zu Fuß."

Eine lange Geschichte

Es war eine finstere und stürmische Nacht.
Siebenundzwanzig Indianer saßen um das Lagerfeuer
und sagten: „Häuptling, erzähl uns eine lange Geschichte."
Da stand der Häuptling auf und sagte:

Es war eine finstere und stürmische Nacht.
Siebenundzwanzig Indianer saßen um das Lagerfeuer
und sagten: „Häuptling, erzähl uns eine lange Geschichte."
Da stand der Häuptling auf und sagte:

Es war eine finstere und stürmische Nacht.
Siebenundzwanzig Indianer saßen um das Lagerfeuer
und sagten: „Häuptling, erzähl uns eine lange Geschichte."
Da stand der Häuptling auf und sagte . . .

Unbekannter Verfasser

1 Die Augen brennen .
2 Die Fische kochen .
3 Der Fernseher läuft .
4 Das Radio spielt .
5 Die Uhr geht .
6 Das Feuer geht aus .
7 Der Wasserhahn läuft .
8 Mutter steht in der Zeitung .
9 Die Sonne sticht .
10 Die Tür schlägt zu .
11 Die Hose kratzt .
12 Die Eier braten .

Der süße Brei

Es war einmal ein armes Mädchen,
das lebte mit seiner Mutter allein,
und sie hatten nichts mehr zu essen.

Da ging das Kind hinaus in den Wald,
und begegnete ihm da eine alte Frau,
die wußte seinen Jammer schon
und schenkte ihm ein Töpfchen,
zu dem sollt es sagen: „Töpfchen, koche",
so kochte es guten Hirsebrei,
und wenn es sagte: „Töpfchen, steh",
so hörte es wieder auf zu kochen.

Das Mädchen brachte den Topf seiner Mutter heim,
und nun waren sie ihrer Armut und ihres Hungers ledig
und aßen süßen Brei, so oft sie wollten.

Auf eine Zeit war das Mädchen ausgegangen;
da sprach die Mutter: „Töpfchen, koche",
da kocht es, und sie ißt sich satt.

Nun will sie, daß das Töpfchen wieder aufhören soll,
aber sie weiß das Wort nicht.
Also kocht es fort,
und der Brei steigt über den Rand hinaus
und kocht immerzu,
die Küche und das ganze Haus voll,
und das zweite Haus und dann die Straße,
als wollt's die ganze Welt satt machen,
und ist die größte Not,
und kein Mensch weiß sich da zu helfen.

Endlich, wie nur noch ein einziges Haus übrig ist,
da kommt das Kind heim
und spricht nur: „Töpfchen, steh",
da steht es und hört auf zu kochen;
und wer wieder in die Stadt wollte,
der mußte sich durchessen.

Jacob und Wilhelm Grimm

Wer hätt'
das ged 8 ?
Kommt
ein N zur 8,
wird es
Nacht .

7 Kinder
7 Sand
in
der Sandkiste .

Wen verstecken die GIRAFFEN ?
Wen findest du in der TOMATE ?
Was schleppen die AMEISEN mit sich herum ?
Was hat der HUND verborgen ?

Was steht zwischen Haus und Baum ?
Was steht vor dem Haus ?
Was steht hinter dem Auto ?